Essentials liefern aktuelles Wissen in konzentrierter Form. Die Essenz dessen, worauf es als „State-of-the-Art" in der gegenwärtigen Fachdiskussion oder in der Praxis ankommt. *Essentials* informieren schnell, unkompliziert und verständlich

• als Einführung in ein aktuelles Thema aus Ihrem Fachgebiet
• als Einstieg in ein für Sie noch unbekanntes Themenfeld
• als Einblick, um zum Thema mitreden zu können

Die Bücher in elektronischer und gedruckter Form bringen das Fachwissen von Springerautor*innen kompakt zur Darstellung. Sie sind besonders für die Nutzung als eBook auf Tablet-PCs, eBook-Readern und Smartphones geeignet. *Essentials* sind Wissensbausteine aus den Wirtschafts-, Sozial- und Geisteswissenschaften, aus Technik und Naturwissenschaften sowie aus Medizin, Psychologie und Gesundheitsberufen. Von renommierten Autor*innen aller Springer-Verlagsmarken.

Alexander Mittag

Vom Ratsneuling zum Fraktionsvorsitzenden

Erfahrungen aus der Kommunalpolitik

Alexander Mittag
Delmenhorst, Deutschland

ISSN 2197-6708 ISSN 2197-6716 (electronic)
essentials
ISBN 978-3-658-50971-2 ISBN 978-3-658-50972-9 (eBook)
https://doi.org/10.1007/978-3-658-50972-9

Die Deutsche Nationalbibliothek verzeichnet diese Publikation in der Deutschen Nationalbibliografie; detaillierte bibliografische Daten sind im Internet über https://portal.dnb.de abrufbar.

Planung/Lektorat: Laura Spezzano
Springer Gabler ist ein Imprint der eingetragenen Gesellschaft Springer Fachmedien Wiesbaden GmbH und ist ein Teil von Springer Nature.
Die Anschrift der Gesellschaft ist: Abraham-Lincoln-Str. 46, 65189 Wiesbaden, Germany

Vorwort

Sehr geehrte Leserinnen und Leser,

es freut mich ungemein, dass Ihr Interesse an der Kommunalpolitik Sie dazu bewogen hat, sich mit meinen Ausführungen auf meinem Weg vom Ratsneuling zum Fraktionsvorsitzenden zu beschäftigen. Die Kommunalpolitik in meiner Heimatstadt hat mich schon immer interessiert. Seit nun fast zehn Jahren darf ich dieses spannende Themenfeld auch in verantwortungsvoller Position als Ratsherr, die letzten fünf davon als Fraktionsvorsitzender, mitgestalten. Dabei ist ganz besonders zum Beginn deutlich geworden, wie einsteigerunfreundlich dieses vielschichtige Mandat sein kann – um diesem Umstand vielleicht ein wenig abzuhelfen, halten Sie nun meine Zusammenstellung in Ihren Händen. Die Gelegenheit, ein Werk für die Reihe der „essentials" zu schreiben, wollte ich somit dahingehend nutzen, die Erfahrungswerte zusammenzuschreiben, welche ich selbst gerne vor dem Mandatsantritt vor gut zehn Jahren gelesen hätte. Erwarten Sie daher keine chronologische Zusammenfassung, sondern vielmehr ein Kompendium mit Erfahrungswerten und Punkten, die mir nach längerer Überlegung als erwähnenswert vorgekommen sind. Ebenso wenig soll dies eine Anleitung für einen möglichst schnellen Durchmarsch zum Amt des Fraktionsvorsitzenden unter Einbeziehung machiavellistischer Tricks sein. Meine eigene, bisherige Reise durch meine Tätigkeit als kommunaler Mandatsträger erfährt hierbei vielmehr die Quelle, aus der ich meine Erfahrungswerte schöpfe, die ich Ihnen mit auf den Weg gebe. Ich möchte hierzu die Gelegenheit nutzen und mich bei meiner Lebenspartnerin Jacqueline und meiner Mutter Susanne bedanken, die mir im kommunalpolitischen Alltag stets eine Stütze und Hilfe sind. Denn Kommunalpolitik ist vor allem eines: eine Teamarbeit und Gemeinschaftsleistung.

Ich hoffe sehr, dass ich mit meinen Zusammenstellungen Berührungsängste abbauen und Sie vielleicht für das kommunalpolitische Engagement begeistern kann. Schließlich stehen die vielen Mysterien und die Unbekanntheiten in der Ausgestaltung eines Ratsmandats im Missverhältnis mit der Relevanz und Tragweite kommunaler Beschlüsse für das alltägliche Leben in einer Stadt, Gemeinde oder einem Landkreis.

Ich wünsche Ihnen viel Freude und hoffentlich ein paar Anregungen für Ihre ganz persönliche Reise – vom Ratsneuling zum Fraktionsvorsitzenden.

Alexander Mittag

Was sie in diesem *essential* finden können

- Erfahrungswerte aus der Kommunalpolitik über die ersten zehn Jahre der Tätigkeit in einem Stadtrat
- Pragmatische Hinweise und Tipps über die tägliche Arbeit in der Kommunalpolitik
- Rückblicke und Bewertungen der gesammelten Erfahrungen
- Anregungen für die eigene Arbeit in der Kommunalpolitik und ein Verständnis für die Perspektive der Kommunalpolitiker, mit denen man ggf. zusammenarbeitet.

Inhaltsverzeichnis

Über den Autor

Alexander Mittag Aufgewachsen im niedersächsischen Delmenhorst, habe ich die berufliche Laufbahn in der Kommunal- und später in der Landesverwaltung eingeschlagen. Durch ein politisches Elternhaus entdeckte ich früh die (Kommunal-) Politik und fand meinen Weg schließlich in den Stadtrat meiner Heimatstadt.

Die aktive Zusammenarbeit mit der Stadtgesellschaft in einer Kommune, die man von Kindesbeinen kennt, das ist meine tägliche Motivation. Kommunalpolitik ist nicht nur die Debatte im Rathaus, sondern auch ein Gespräch beim Bäcker oder in der Fußgängerzone – authentisch und mit unmittelbarer Rückmeldung. Dies, in Verbindung mit einem zielführenden Pragmatismus, der zum Gelingen notwendig ist, macht für mich den besonderen Reiz der Kommunalpolitik aus.

Einleitung 1

1.1 Mein Weg in die Kommunalpolitik

Vor vielen Jahren, im Frühjahr des Jahres 2014, fasste ich einen Entschluss, der eine nachhaltige Auswirkung auf meine Nachmittags- und Abendgestaltung haben sollte: Ich wollte Kommunalpolitik machen und meine eigene Vorstellung mit in die politische Willensbildung einbringen. Aufgewachsen in einem politischen Haushalt, hatte ich mein Studium zum Diplom-Verwaltungswirt abgeschlossen und die ersten Jahre in der öffentlichen Verwaltung verbracht. Der Kontakt zur Kommunalpolitik war somit hergestellt und dieser für einen jungen Mann Ende 20 durchaus ungewöhnliche Entschluss sorgte zumindest in meinem Freundeskreis für einen gewissen Sonderstatus. Doch in meiner Heimatstadt, die mir auch eine glückliche Kindheit ermöglicht hatte, sah ich die täglichen Herausforderungen und welche Antworten dazu bisher in der Öffentlichkeit diskutiert wurden. Gerade die jüngeren Vertreter unserer Stadtgesellschaft sah ich dabei unterrepräsentiert und fühlte mich in der Rolle eines externen Kritikers nicht wohl. „Meckern ist einfach, selbst besser machen schwer" – dieses allgemeingültige Zitat fand ich schon immer passend und habe mich aufgrund vorangegangener Kritikpunkte über die Kommunalpolitik meiner Heimatstadt im persönlichen Umfeld zur Mitgestaltung herausgefordert gefühlt.

Mit einem hohen Maß an Enthusiasmus und wenig bis keinen Vorerfahrungen stürzte ich mich somit in dieses neue Kapitel meiner persönlichen Entwicklung. Nach mittlerweile fast zehn Jahren in der Kommunalpolitik mit Höhen und Tiefen, Niederlagen und Siegen, Erfolgserlebnissen und Rückschlägen ist das persönliche

A. Mittag, *Vom Ratsneuling zum Fraktionsvorsitzenden*, essentials, https://doi.org/10.1007/978-3-658-50972-9_1

Profil durch einige Erfahrungen weiterentwickelt worden. Viele Erfahrungen mussten auch mit einer gewissen Summe an Lehrgeld bezahlt werden, das gehört zur Wahrheit auch dazu. Glücklicherweise konnte ich in meinem Umfeld auf viele Mitmenschen und Ansprechpartner bauen, von deren Erfahrungsschatz oder Hilfe ich ungemein profitieren konnte.

Dennoch erwischte ich mich oft bei dem Gedankengang, wie sich ein Gespräch mit meinem eigenen Ich vor zehn Jahren gestaltet hätte, welches eben jenen Entschluss getroffen hat, der mich in das Rathaus meiner Heimatstadt geführt hat. Was hätte ich schriftlich zusammengefasst, wenn ich die Gelegenheit gehabt hätte, meinem jüngeren Ich eine Handreichung über den Tisch zum Selbststudium zu schieben? Nun, das Ergebnis haben Sie vor sich und ich hoffe, dass Sie davon einige Anregungen oder Erfahrungswerte mitnehmen können, welche ich in den letzten Jahren sammeln durfte.

1.2   Worum es in diesen Ausführungen geht

Wenn Sie mir die Freude gemacht haben und sich für ein Studium meiner Ausführungen entschieden haben, so unterstelle ich Ihnen ein Interesse an der Kommunalpolitik oder aber auch an einer Kandidatur in einem Kommunalparlament. Vielleicht stehen Sie bereits in der Verantwortung der Ausübung eines Mandats oder bekleiden eine verantwortungsvolle Stelle in der öffentlichen Verwaltung und wünschen sich mehr Einblicke in die Perspektiven der Kommunalpolitik. Was genau auch die Motivlage sein mag – ich möchte Sie im Rahmen meiner Möglichkeiten bei diesem begrüßenswerten Vorhaben unterstützen und Sie an meinen Erfahrungen teilhaben lassen. Die nach den Grundsätzen der parteipolitischen Neutralität verfassten Ausführungen sollen Ihnen dabei helfen, die vielleicht eine oder andere Situation eleganter zu meistern, als dass es mir seinerzeit bei meinen ersten Anläufen vergönnt war.

Sie erwartet keine theoretische Abhandlung über die rechtlichen Rahmenbedingungen oder die Definition von Begrifflichkeiten aus dem Kommunalrecht. Genauso wenig wollte ich meinen bisherigen Werdegang in der Kommunalpolitik als erzählende Anekdotensammlung oder Roman zusammenfassen. Vielmehr geht es hier um Hinweise, die sich in der täglichen Praxis als Kommunalpolitiker nach Feierabend als geeignet herausgestellt haben und für Sie in komprimierter Form aufbereitet wurden. Mit einer Auswahl der elementaren Themenbereiche, die einem im alltäglichen Geschäft regelmäßig begegnen, soll so ein gewisses Rüstzeug für die künftige Beschäftigung mit diesem für unsere Gesellschaft so wichtigen Ehrenamt an die Hand gegeben werden.

Selbstverständlich nehme ich für mich selbst nicht in Anspruch, über sämtliche Themengebiete die Deutungshoheit zu genießen. Ebenso wenig ist mein Erfahrungsschatz nach zehn Jahren in der Kommunalpolitik als ausreichend zu bezeichnen, noch würde ich mich als „ausgelernt" titulieren. Dennoch ist mein Bestreben, Ihnen durch meine Zusammenfassung im Idealfall das kommunalpolitische Tagesgeschäft etwas zu erleichtern oder vielleicht sogar mögliche Berührungsängste mit diesem Themengebiet abzubauen

2.1 Von der Fragestellung der Motivlage und Überzeugung

„Warum tust du dir das eigentlich an?" – diese mit einem leichten Mitleid oder einer Prise Ungläubigkeit in der Stimme versehene Frage habe ich in den vergangenen Jahren, gerne in Phasen höherer Beanspruchung, oft gehört. Darin liegt allerdings der zentrale Punkt, den man für sich selbst ausreichend und zufriedenstellend beantwortet haben muss, bevor man sich in das Abenteuer Kommunalpolitik stürzt. Aus dieser Beantwortung ergibt sich nämlich die zentrale Motivationslage, die unverzichtbar ist, wenn man nach einem langen Arbeitstag und einem gut gefüllten, privaten Kalender doch eine mehrstündige Ratssitzung in einen Kalender implementieren muss und die Begeisterungsstürme im privaten Umfeld hier auch noch relativ überschaubar ausgeprägt sind.

Dies ist das Stichwort – bei einer ernsthaften Ausübung des Mandats sind mehrere Abende pro Woche zu investieren. Mit Telefonaten oder verfassten Mails nebenher kommt man somit auf eine ansehnliche Anzahl an Stunden pro Woche. Der Vorwurf „Ihr Politiker macht es nur wegen des Gelds" läuft also bei ehrenamtlichen Kommunalpolitikern, die hierfür lediglich eine Aufwandsentschädigung erhalten, somit ins Leere. Dennoch ist es wichtig, einen eigenen Motivationskern zu finden, von dem man (gerade in herausfordernden Situationen) zehren kann. Wer sich kommunalpolitisch engagiert oder engagieren möchte, der hat in der Regel eine Sache: eine Identifikation mit der Kommune und den Wunsch, das Leben in diesem Ort für die Menschen dort zu verbessern. Hieraus ziehe ich beispielsweise meine persönliche Energie. Meine Heimatstadt bildet den Wohnort

© Der/die Autor(en), exklusiv lizenziert an Springer Fachmedien Wiesbaden GmbH, ein Teil von Springer Nature 2026
A. Mittag, *Vom Ratsneuling zum Fraktionsvorsitzenden*, essentials, https://doi.org/10.1007/978-3-658-50972-9_2

meiner Freunde und Familie, ich habe mein bisheriges Leben dort verbracht und plane, dort den Rest zu verbringen. Mein kommunalpolitisches Engagement ist somit auch Ausdruck meines Bestrebens, für mich und die mir nahestehenden Menschen das Lebensumfeld zu verbessern. Ebenso sollte man grundsätzlich auch fremde Menschen mögen.

Ich persönlich finde grundsätzlich erst einmal jeden Menschen sympathisch, bis er mich vom Gegenteil überzeugt. Dazu kommt noch der Umstand, mit welcher inhaltlichen Vorbereitung von manchen Ratsvertretern Debatten geführt werden. Wenn ich darüber nachdenke, dass in unserem Stadtrat beispielsweise Entscheidungen getroffen werden, welche die Stadt auf Jahrzehnte beeinflussen und die abstimmenden Personen noch nicht einmal die Vorlagen gelesen haben, wird mir ganz anders. „Wenn du dich nicht engagierst, lässt du zu, dass diese Leute über dein Leben bestimmen" lässt sich diese Perspektive in einem auffordernden Satz zusammenfassen. Unter der Gesamtwürdigung dieser Eindrücke lässt sich ein Mindset zusammenstellen, welches meiner Ansicht nach eine höhere Motivationslage als eine hohe Entlohnung bietet. Mit diesem moralischen Gerüst übersteht man auch eine mehrstündige Haushaltsratssitzung – auch mit namentlicher Abstimmung nach vier Stunden Debatte.

2.2   Wie kann ich mich vorbereiten?

Eine umfassende Vorbereitung kann es eigentlich auf eine derartig vielschichtige und abwechslungsreiche Tätigkeit nicht wirklich geben. Zumindest keine, die ansatzweise den Anspruch auf Vollständigkeit erheben könnte. Es gibt dennoch Handlungen und Maßnahmen, die zu Beginn einer solchen Tätigkeit einen Vorteil bieten, beziehungsweise das allgemeine Dienstgeschäft etwas leichter erscheinen lassen.

Ganz am Anfang sollte man sich mit der offensichtlichsten Veränderung, die eine Mandatsaufnahme mit sich bringt, vertraut machen – den zu investierenden Zeitkapazitäten. Kommunalpolitik ist nicht nur mit viel Mühe, sondern vor allem mit Zeit verbunden. Lange Debatten in Ausschüssen, eine unerwartete namentliche Abstimmung in einer Ratssitzung oder die erneute Feststellung, dass manche Ratskollegen eine simple Frage zwingenderweise mit einem zehnminütigen Monolog verknüpfen müssen. Dies summiert sich in einem Monat zu einem beachtlichen Engagement, das in der breiten Bevölkerung nicht sonderlich bekannt ist. Ich selbst bin immer wieder überrascht, wenn ich ganz verwundert gefragt werde, ob ich diese Tätigkeit etwa nicht hauptberuflich, sondern meist in den Abendstunden ausübe. So sollte vor der Aufnahme dieser Tätigkeit der eigene Terminkalender kritisch und mit sich selbst ehrlich überprüft werden. Habe ich ausreichend Zeit dafür? Leidet ein anderes Hobby, welches für mich unverzichtbar ist? Sollte ich Schwierigkeiten mit dem zeitlichen Aufwand meiner Berufsausübung haben? Diese Fragen sollten im Vorfeld beantwortet werden, da ich selbst in jeder Legislaturperiode Ratskollegen erlebt habe, die nach mehreren Wochen ihr Mandat aufgrund der umfänglichen Zeitbelastung aufgaben. Weiterhin sollte diese Tätigkeit auch mit dem Partner, den Kindern oder anderen Menschen aus dem persönlichen Umfeld ausreichend besprochen werden. Oftmals lassen sich Ratssitzungen selten mit einem konkreten Ende planen und eine kurze Nachricht „Ich komme später, das dauert hier noch" hat meine Freundin auch schon oft erhalten. Auch hierzu ist eine Ehrlichkeit zu sich selbst und seinen Angehörigen sehr wichtig für ein harmonisches Gelingen. Ärger im Rathaus aufgrund einer kontroversen Debatte mag man schnell verschmerzen, ein Streitgespräch nach einer Ratssitzung, warum man wieder so spät zu Hause sei, geht dabei eher an die Substanz. Dies habe ich in einer vorangegangenen Partnerschaft erleben müssen und kann bestätigen, dass dies anstrengender sein kann als eine geheime Abstimmung über die neue Schulentwicklungsplanung nach drei Stunden Debatte.

Sind die zeitlichen Kapazitäten und der Umgang damit klar definiert, geht es auch um das eigene Vorwissen. Zwar bringt jeder aufgrund seines Berufes ein gewisses Maß an Vorbildung mit, aber einige Fortbildungen vor der Mandatsaufnahme sind unverzichtbar. Beispielhaft sind hierbei Seminare über grundlegende Begrifflichkeiten oder die Zusammenhänge in kommunalpolitischen Verfahrensabläufen zu nennen. Aber auch Rhetorikkurse oder Lehrinhalte über freies Sprechen oder den Umgang mit Lampenfieber sollten Berücksichtigung finden. Dankenswerterweise hat sich diese Notwendigkeit auch in der Angebotslandschaft niedergeschlagen und mehr und mehr Anbieter, meist von parteinahen Stiftungen, bieten Kompaktseminare mit einem Rundumschlag an Themengebieten für eine neue Mandatsaufnahme an. Diese Möglichkeiten sollte man nicht auslassen.

Ebenso ist auch die praktische Erfahrung sehr wertvoll. Da Ratssitzungen zum Großteil öffentlich sind, kann man bereits vor der nächsten Kommunalwahl diese im Publikum besuchen. Durch Redemöglichkeiten wie beispielsweise Einwohnerfragestunden kann man sogar ohne ein Ratsmandat vor diesem Kommunalparlament sprechen und im ersten Feldversuch an seinem Lampenfieber arbeiten. Ebenso kann man hierdurch bereits die Abläufe und die Hauptakteure kennenlernen, die größtenteils über mehrere Legislaturperioden das Geschehen in diesem Rat bestimmen. Hier besteht auch die Gelegenheit, sein eigenes Netzwerk durch Gespräche vor und nach den Sitzungen auszubauen und bereits zu lernen, wer welche Zuordnung und Schwerpunkte hat.

2.3   Politische Kontakte knüpfen

Ist man erst einmal in der eigenen politischen Blase und im Tagesgeschäft angekommen, fällt einem dieser Umstand gar nicht mehr so wirklich auf, der unter dem Großteil der Stadtgesellschaft jedoch weit verbreitet ist – die Hemmschwelle im direkten Austausch mit der Politik. Dies ist mir in der Vergangenheit immer wieder besonders im Austausch mit Vereinen und Verbänden bei der Fragestellung, wo es Verbesserungsbedarf gibt, aufgefallen. Da gab es tatsächlich immer wieder Organisationen, die mit Herzblut und knapper Kalkulation ihre Projekte über die Runden bekommen hatten, aber nicht als Bittsteller oder Klagende auftreten wollten. So verhält es sich aber tatsächlich auch mit interessierten Personen, die großartige Ideen mitbringen und einmal vielleicht eine hervorragende Ergänzung für die eigene Partei oder Ratsfraktion bilden könnten, sich die Direktansprache jedoch nicht zutrauen. Gerade wenn man selbst am Anfang einer kommunalpolitischen Betätigung steht, kann man sich sogar selbst in dieser Rolle wiederfinden.

Hier ist es unumgänglich, möglichst niedrigschwellige Veranstaltungsformate aufzusuchen. Stadtteilfeste, Informationsstände oder Privatkontakte können hier die Anlaufstelle für den eigenen, ersten Kontakt zu einer sich zugehörig fühlenden Partei sein. In meiner bisherigen Laufbahn habe ich festgestellt, dass man über einzelne Projekte am ehesten zueinander gefunden hat. Wenn man also, wie es in Abschn. 3.1 noch erwähnt wird, seine eigenen Interessen in passenden Themengebieten wiederfindet, kann dieser Kontakt wie von selbst entstehen.

2.4   Wo trete ich an? Wer sind meine Wähler?

Ist so weit die Vorbereitung einige Schritte vorangekommen, gilt auch ein nicht weniger wichtiger Blick auf den eigenen Wählerkreis. „Wo trete ich an und was sind dort die aktuellen Themen?" sollten die beiden Kernfragen sein, mit denen man in diese Analyse geht. Grundsätzlich ist es erst einmal wichtig, sich mit der Struktur des Wahlkreises auseinanderzusetzen. Gibt es dort vermehrt Neubaugebiete mit jungen Familien oder eher etablierte Quartiere mit einer eher älteren Bevölkerung? Wie sieht es mit den Themen vor Ort aus? Steht dort aktuell ein Schulbau oder ein anderes Thema im Mittelpunkt der Debatte? Ich selbst habe beispielsweise ein Jahr vor der Wahl in dem Bezirk, in dem ich das erste Mal angetreten bin, an den Haustüren einfach nachgefragt. Wo drückt der Schuh? Welche Themen sind gerade relevant und fühlen sich die Leute gehört? Ich war erstaunt über die vielschichtigen und ehrlichen Antworten, die sich teilweise erheblich von meinen Vorstellungen unterschieden haben und mich dazu bewogen, das Wahlprogramm danach aufzustellen. Besonders im Umgang mit Verkehrssituationen oder der Ausgestaltung einer Grünfläche ist die Perspektive der unmittelbaren Anwohner der Goldstandard in der Formulierung einer politischen Willensbildung für die Zukunft.

Im Austausch mit den möglichen Wählern könnte es jedoch auch immer wieder zu weniger erfolgreichen Ergebnissen kommen– ich hatte beispielsweise auch einmal Postkarten verteilt, die mit Hinweisen oder Vorschlägen an mich zurückgeschickt werden konnten. Das Resultat war sehr übersichtlich und mein Budget gab keine solche Menge an Briefmarken her. Daher ist eine möglichst niedrigschwellige Form der Beteiligung anzuraten.

Hierbei darf man auch nicht vergessen, welche Wirkung diese Form der vorzeitigen Einbeziehung auch für den Wahlkampf hat. Themen, die direkt aus der Mitte kommen, haben so eine andere Strahlkraft als die übliche „Zukunftschancen wahrnehmen und Alles-wird-gut-Formeln".

Der Anfang – Zur Aufnahme des Mandats 3

3.1 Eigene Interessen formulieren und Themen finden

Die Vielschichtigkeit der Kommunalpolitik wird besonders dadurch deutlich, dass eine Vielzahl von unterschiedlichen Ausschüssen und Gremien besetzt werden kann. Hier variiert die Themenbandbreite von der Schul- über die Umwelt bis hin zur Finanzpolitik. Was einen interessiert und vor allem wie man später wahrgenommen werden möchte, hängt hiervon ab. Doch was interessiert einen am meisten? Bevor es in der konstituierenden Fraktionssitzung zu einer Verteilung kommt, sollte sich der angehende Fachmann hierzu seine eigenen Gedanken gemacht haben. Welche Themen fielen einem besonders leicht und haben Spaß in der Auseinandersetzung im Wahlkampf gemacht? Wo besteht vielleicht auch schon ein gewisses Netzwerk, welches durch diese Ausschüsse besondere Strahlkraft erhält? Diese Punkte sind von erheblicher Relevanz und sollten in diesen Prozess mit einfließen. Gerne kann hiernach auch noch eine externe Meinung eingeholt werden – am besten von einer Person, welche im Wahlkampf und der bisherigen politischen Auseinandersetzung die eigene Tätigkeit beobachten konnte.

A. Mittag, *Vom Ratsneuling zum Fraktionsvorsitzenden*, essentials, https://doi.org/10.1007/978-3-658-50972-9_3

3.2   Politische Gremien für sich finden

Sind diese Themen gefunden, müssen diese sich nur noch mit den jeweiligen politischen Gremien verknüpfen lassen. Hierzu sind als Ratsneuling die eigenen Anspruchsmöglichkeiten, gerade in einer größeren Fraktion, vielleicht nicht die besten. Dennoch sollte man hierbei besonders darauf achten, dass man keine Posten herangetragen bekommt, die einen überhaupt nicht reizen. Kommunalpolitik findet meist in den Abendstunden statt, gerne nach einem anstrengenden Arbeitstag. Gesellt sich dann noch eine unliebsame Aufgabe, die einem aufgedrängt worden ist, sind die Fähigkeiten zur Selbstmotivation besonders gefragt.

In Kürze

- Die Interessenlage sollte sich in den Gremien wiederfinden – dies ist ein Beitrag zur Langzeitmotivation
- Mit Gremien setzt man Schwerpunkte – so arbeitet man sein eigenes Profil heraus.
- Sollte man mit einer Rollenverteilung nicht zufrieden sein, ist ein Wechsel innerhalb einer Legislaturperiode immer noch möglich.

Ebenso ist es bei dieser Auswahl der Grundstein für die eigene Etablierung und Vertiefung des politischen Profils. Durch die passenden Ausschüsse und sonstigen Gremien können weiterführende Fachkenntnisse gesammelt und die eigenen Netzwerke ausgebaut werden. Bei besonders interessanten Themengebieten sei die Möglichkeit der Fortschreibung durch passende Weiterbildungen ans Herz gelegt – dazu mehr allerdings in Abschn. 4.8.

3.3   Einen Fahrplan für die Legislaturperiode schaffen

Der Beginn einer Legislaturperiode verleitet nahezu dazu, sich in der bevorstehenden Themenvielfalt in der Tiefe des Raumes zu verlieren, so weitgefasst sind die Möglichkeiten. Durch einen interessanten Wahlkampf hatte man Austausch mit den unterschiedlichen Akteuren der Stadtgesellschaft und hat viele Ideen zur Verwirklichung. Doch mit dem Vorhaben, sofort alle Hebel in Bewegung zu setzen, trifft der Idealismus leider auf die realistischen Gegebenheiten. Frustration ist dabei unweigerlich das Resultat, wenn man feststellen muss, dass zwischen Antragstellung, Umsetzung und öffentlicher Darstellung eine sehr lange Zeit liegen kann.

So liegt es an einer guten, umfassenden Gesamtplanung, diesem Umstand vorzugreifen. Diese Planung umfasst die gesamte Legislaturperiode und soll die einzelnen Schwerpunkte in realistischen Umsetzungen widerspiegeln. Dies beginnt mit einer Zusammenstellung der einzelnen Projekte, welche man in dieser Zeit umsetzen möchte. Hierbei fügen sich zum einen die persönlichen Interessen, die Ideen und Bedürfnisse aus der Bevölkerung und die Vorstellungen für Chancen der eigenen Kommune zusammen. Diese (hoffentlich längere) Zusammenstellung ergibt im Endeffekt die „To-do-Liste" für die Legislaturperiode, welche es umzusetzen gilt. Damit der erwähnte Frustrationseffekt der nicht gelingenden, gleichzeitigen Umsetzung nicht eintritt, ist diese Liste in einen Zeitstrahl zu übertragen. Ob in digitaler Ausführung oder tatsächlich in umfassenderer Papierform, zu der ich persönlich immer tendiert habe, lassen sich nun die kommenden Jahre visualisieren und mit den einzelnen Projekten befüllen. Nach Priorität gestaffelt, kommen nun die einzelnen Abläufe gut zur Geltung und verdeutlichen, mit welchen zeitlichen Abständen man diese einzelnen Projektbestandteile umsetzen kann.

In Kürze

- Die Projekte, die man in einer Legislaturperiode umsetzen möchte, zunächst zusammenfassen
- Nach Priorität geordnet in einen Zeitstrahl platzieren
- Regelmäßig die zeitliche Umsetzung kontrollieren und mit einer Wiedervorlagenliste begleiten
- Auch Rom wurde nicht an einem Tag erbaut! Auch wenn man zu Beginn gerade viel in kurzer Zeit an Achtungserfolgen einfahren möchte – eine Legislaturperiode ist eine lange Zeit und bietet genug Kapazitäten für großartige Projekte!

Der Vorteil dabei ist, dass das Festlegen von Meilensteinen wesentlich einfacher fällt und man in der tatsächlichen Fortschreibung der Umsetzung gut feststellen kann, ob oder wie sehr sich ein Projekt in die Länge ziehen kann. Die unter Abschn. 3.5 noch erwähnte Wiedervorlagenliste dient dabei der Begleitung und Sicherstellung der ganzheitlichen Bearbeitung.

Wenn bei der Erstellung zu Beginn schon das Gefühl auftritt, dass dies für den Anfang zu viele Projekte sind, ist dies ein deutliches Warnsignal – eine Überfrachtung zu Beginn schadet mehr, als dass sie nützt. Die neue Legislaturperiode ist bei aller anfänglichen Schaffensfreude eine lange Zeit. Viele begonnene Projekte, die aber nicht umgesetzt werden, helfen niemandem. Weder der eigenen Mandatsausübung noch der Bevölkerung. Es ist somit besser, mit weniger Projekten zu starten, deren Umsetzung man aber besser begleiten kann. Ich bin mir sicher, dass wenn man seinen Ablaufplan konsequent durchführt, die Ergebnisse am Ende der Legislaturperiode sehr beeindruckend sein können.

3.4   Grundlagen für die politische Arbeit – die Wiedervorlagenliste

Eine besondere Herausforderung in der Kommunalpolitik ist die umfassende Themenbandbreite – viele einzelne Vorgänge, Anträge oder Anfragen zu den vielen einzelnen Themen! Wer da ohne Weiteres die Übersicht behalten kann, ist zu beneiden – ich gehöre nicht dazu. Mir hat hierzu stets eine Wiedervorlagenliste geholfen, die mich wie meine Aktentasche bisher durch den politischen Alltag begleitet.

Für die tägliche Arbeit in der Begleitung der eigenen politischen Projekte würde sich z. B. zur Erstellung einer übersichtlichen Tabelle, Microsoft Excel oder eine vergleichbare Anwendung eignen. Darauf aufbauend erhält jedes Projekt eine eigene Zeile, die sich aus mehreren Spalten zusammensetzt, die ich im Folgenden gerne erläutern möchte.

Als wichtigste Spalte ist der Name des Projekts aufzuführen, der kurz und knapp die Zuordnung zum jeweiligen Projekt ermöglicht. Die Entscheidung, ob im Anschluss auch Kategorien wie „Umweltthemen" oder „Verkehrsangelegenheiten" (vielleicht sogar farblich hinterlegt) zugehören, liegt in der Gesamtanzahl der vorhandenen Projekte. Die nächste Spalte, der „aktuelle Stand", bildet das Fundament des Projekts und zeitgleich das längste Textfeld, hier wird möglichst prägnant der gegenwärtige Sachstand zusammengefasst. Eine möglichst schnelle Orientierung, auch bei längerer Nichtbeschäftigung mit dem Vorgang, sollte so möglich sein. Ist dieses Fundament klar, wird nun aufgeführt, wer der jeweilige Ansprechpartner in dem Projekt ist, mit dem gegenwärtig gearbeitet wird. Dies kann in vielen Fällen der jeweilige Sachbearbeiter in der Verwaltung sein, der mit dem Vorgang betraut ist oder auch ein anderes Ratsmitglied, das noch einen fachlichen Beitrag beisteuern wollte. Mit der Spalte „Wie geht's weiter?" kommen wir in das konkrete Handeln. Hier wird aufgeführt, was konkret zu tun ist: nachfragen, eine Mail versenden, eine Veranstaltung organisieren etc. Zum Abschluss kommt noch die namensgebende Spalte: das Datum der Wiedervorlage. An dem dort angegebenen Datum wird sich mit dem Sachverhalt das nächste Mal eigeninitiativ beschäftigt. Dies bezieht sich auf das vorherige „Wie geht's weiter", beziehungsweise verknüpft dieses Tun mit dem dazugehörigen Datum. Eine Wiedervorlage zu setzen ist unumgänglich, da ggf. bei einer fehlenden Rückmeldung der betroffenen Stelle sonst dieses Projekt einschlafen könnte.

Insgesamt sieht diese Tabelle dann wie folgt aus:

Wiedervorlagenliste

Projektname	Aktueller Stand	Ansprechpartner	Wie geht's weiter?	Wiedervorlage
Eine neue Parkbank im Stadtpark	Wurde die Parkbank aufgestellt?	Herr Müller (Tel.: XY)	Anfrage stellen	01.10.2026
Sanierung der Turnhalle durchführen	Sanierung ist durchzuführen – sind die anderen Fraktionen dabei?	Frau Meyer (Tel.: XY)	Antrag stellen	05.11.2026
Klimawald soll gepflanzt werden	Pflanzbeginn im nächsten Frühjahr – Öffentlichkeit muss noch informiert werden	Herr Schulze(Tel.: XY)	Pressekonferenz durchführen	01.12.2026

Zielführend wird der Einsatz einer Wiedervorlagenliste jedoch nur wirklich, wenn diese auch den tatsächlichen Sachstand in Echtzeit abbildet. Es sei dazu gesagt, dass eine umfassende Übersicht in Papierform vielleicht in der anfänglichen Darstellung einfacher ist, jedoch die Übersichtlichkeit in einer zunehmenden Detailfülle stark leidet. Kurze Papiernotizen im Gesprächsbegleiter sind zeitnah in die digitalen Wiedervorlagenlisten zu übertragen. Um auf die Daten zuzugreifen, die den aktuellen Stand widerspiegeln müssen, bietet sich eine zentrale Datenablage in einer Cloud an. Dadurch vermeidet man das Arbeiten mit unterschiedlichen Versionen, was in der Hektik des Alltags im Negativfall zu Unübersichtlichkeit und Widersprüchlichkeit führen können. Mit einer gut aufgestellten Wiedervorlagenliste sollte es aber möglich sein, etwas Einarbeitung vorausgesetzt, einen Fels in der Brandung zu schaffen.

3.5   Grundlagen für die politische Arbeit – der Vorlagenrohling

Anträge und Anfragen sind auf dem Weg durch die Legislaturperiode das grundlegende Werkzeug für die tägliche Aufgabenerfüllung. Für gewöhnlich gibt es ein Ratsinformationssystem, in dem die entsprechenden Eingaben an die Verwaltung hochgeladen oder hinterlegt werden. Da dies von Kommune zu Kommune unterschiedlich gehandhabt wird, ist eine einheitliche Arbeitsweise hier schwer zu empfehlen. Für mich hat es sich als eine praktische Variante herausgestellt, einen Vorlagenrohling zu erstellen, den ich als Grundlage für die Anträge und Anfragen nutzen konnte.

Hierbei handelt es sich um ein Word-Format, welches im oberen Bereich das Parteilogo oder das der jeweiligen Fraktion und einen Kasten für die Kontaktinformationen enthält. Zwar liegen diese im Rathaus sicherlich vor, aber das Erscheinungsbild sieht wesentlich professioneller aus als ein formloses Schriftstück. Im Anschluss befinden sich ein festgelegtes Feld mit der Überschrift „die XY-Fraktion der Stadt Musterhausen beantragt" und ein zweites Feld für eine entsprechende Begründung des vorgenannten Antrages. Abgeschlossen wird diese Vorlage durch eine digitale Signatur der eigenen Person.

Der Vorteil dabei ist neben der Zeitersparnis ein wesentlich professionellerer Eindruck. Die Vorlage wird in den nachfolgenden Beratungen stets Gegenstand der Unterlagen in den jeweiligen Gremien und wirkt somit anders als ein bloßer Textbaustein auf einem DIN-A4-Blatt. Da bereits Kontaktdaten auf dem Antragsrohling für Rückfragen vermerkt sind, eignet sich das Dokument im Zweifel auch zu externer Kommunikation und Weitergabe an interessierte Drittpersonen, die von dem jeweiligen Antrag in Kenntnis gesetzt werden sollen.

3.6   Grundlagen für die politische Arbeit – das Adressverzeichnis

Kommunikation ist nur erfolgreich, wenn die zu vermittelnden Botschaften auch ankommen und diese zielgerichtet eingesetzt wird. Im Idealfall hat der geneigte Kommunalpolitiker nach einer kurzen Zeit der Netzwerkarbeit bereits ein Resultat: ein Konglomerat an Kontaktadressen. Aus diesem umfänglichen Personenkreis, mit dem er in Interaktion steht oder stehen möchte, ergibt sich somit die Gefahr der fehlenden Übersicht. Es muss selbstverständlich ein gewisses Ordnungssystem im Umgang mit Adressen vorhanden sein. Als Negativbeispiel sei hier die kleine Kiste mit herumfliegenden Visitenkarten genannt. Digital abgelegt und nach Kategorien sortiert, erscheint diese Fleißarbeit am Anfang vielleicht etwas sehr umfassend, mittelfristig gibt einem jedoch der Erfolg recht. Wenn im ausgelasteten Alltag kurze Rückfragen möglichst wenig Zeit beanspruchen sollen, ist ein gut gepflegtes, digitales Adressbuch jede Mühe wert. Hierbei sollte beachtet werden, dass als zusätzliche Notiz auch die Amts- oder Berufsbezeichnung, die Funktion und ein kurzer Hinweis über die Tätigkeit vermerkt werden. Wer in der Pflege der zwischenmenschlichen Kontakte nichts dem Zufall überlassen möchte, notiert sich hierzu auch das Geburtsdatum, um so zumindest einmal im Jahr eine Gelegenheit für eine kurze Auffrischung des Kommunikationskanals zu haben.

Dabei ist es ebenfalls wichtig, auch selbst seine Kontaktmöglichkeiten in einem interessanten Gespräch mitteilen zu können. Hierzu sind Visitenkarten unerlässlich, welche Name, Telefonnummer, Anschrift (die private oder die des Parteibüros) und eine Mailadresse nebst den gängigen sozialen Netzwerken enthalten. Als besonders praktisch hat es sich herausgestellt, diese Visitenkarte auch durch ein eigenes Foto auszustatten. So kann auch bei größeren Veranstaltungen mit vielen Kontakten der Gesprächspartner noch nach Tagen die Visitenkarte dem jeweiligen Austausch zuordnen.

3.7   Grundlagen für die politische Arbeit – der Terminkalender

Hat das politische Tagesgeschäft erst einmal Fahrt aufgenommen, ist eine Sorge unbegründet – die der Langeweile. Denn der Terminkalender füllt sich von allein: Sitzungen der Ausschüsse oder der Fraktion, Versammlungen von Vereinen oder Besprechungen mit anderen Fraktionen. Diese vielschichtigen Termine benötigen eine gewisse Koordinierungssorgfalt, da es unweigerlich Überschneidungen und Schwerpunktsetzungen geben wird. Hier ist es unerlässlich, einen digitalen Terminkalender zu führen, der es einem ermöglicht, auch unterwegs Termine zu vermerken und Kollisionen zeitnah festzustellen. Mir selbst hat ein Online-Terminkalender am besten geholfen, welcher in Echtzeit mit anderen Familienmitgliedern befüllt werden kann. So ist direkt der Fragestellung abgeholfen, wann ich denn gerade meine Zeit im Rathaus verbringe.

Ebenso ist es wichtig, auch Termine absagen zu können. Sicherlich ist der eigene Anspruch lobenswert, sämtlichen Erwartungen gerecht zu werden, aber grundsätzlich sollte man einen Termin richtig wahrnehmen, als vorzeitig die erste Veranstaltung zu verlassen, um verspätet bei der zweiten Veranstaltung aufzutauchen.

Die laufende Mandatsausübung

4

4.1 Anfragen schreiben

Informationen sind die Grundlage jedweden Handels im Rahmen einer kommunalpolitischen Betätigung – sollten sie zumindest sein. Hierzu gibt es die Möglichkeit, als Ratsmitglied Anfragen an die Verwaltung zu stellen. Mit einer Anfrage wird ein kurzer, konkreter Sachverhalt beschrieben und mit einer oder mehreren, deutlich herausgearbeiteten Fragepunkten versehen. Die Verwaltung ist im Anschluss verpflichtet, eine Antwort im Rahmen der Möglichkeiten zu geben. Diese Informationen bilden eine hervorragende Grundlage für eine Pressemitteilung, einen zu schreibenden Antrag oder auch einfach nur zur Sachverhaltsanalyse. Solche Anfragen dienen ebenso der parlamentarischen Kontrolle der Kommunalverwaltung durch das Kommunalparlament.

> **Zum Beispiel**
> Die XY-Fraktion bittet um Auskunft über die aktuellen Anmeldezahlen an den weiterführenden Schulen in Musterhausen. Hierbei sollen folgende Punkte mit aufgeführt werden:
>
> - Die Gesamtzahl der bisherigen Anmeldungen an den weiterführenden Schulen.
> - Die Anzahl der Kinder, die sich noch nicht angemeldet haben.
> - Eine Aufschlüsselung der Anmeldungen nach Schulformen (z. B. Hauptschule, Realschule, Gymnasium, Gesamtschule).

A. Mittag, *Vom Ratsneuling zum Fraktionsvorsitzenden*, essentials, https://doi.org/10.1007/978-3-658-50972-9_4

Grundsätzlich sollte auch hier der Grundsatz der Verhältnismäßigkeit bedacht werden, da die Erarbeitung einer Antwort Kapazitäten der Verwaltung bindet. Selbstverständlichkeiten oder Anfragen, die in einer kurzen Selbstrecherche eigenverantwortlich zu beantworten sind, sollten hierbei nicht gestellt werden. Kann man sich diese Frage(n) nicht selbst beantworten, so ist als weitere Voraussetzung der Umstand zu prüfen, ob man nicht auf dem vielzitierten „kurzen Dienstweg" mittels einer telefonischen Rückfrage oder sogar einer formlosen Mail mit dem zuständigen Sachbearbeiter diesen Sachverhalt erörtern kann. Dies bezieht sich selbstverständlich nur auf gewöhnliche Anliegen, da spätestens bei heiklen politischen Themen eine Belegbarkeit hier nicht gegeben ist. Ebenso gilt auch hier der Grundsatz, sich möglichst kurz zu fassen. Eine seitenlange Begründung hält einen nicht nur auf, sondern lenkt auch vom eigentlichen Kern des Anliegens ab: den Fragen.

Diese sind, sofern es sich um mehrere handelt, stets in nummerierter Fassung aufzuführen. Gerade bei einem Fragenkatalog kann es sein, dass sonst die eine oder andere Frage untergeht und nicht beantwortet wird. Dies ist besonders ärgerlich, wenn es sich gerade um den unliebsamen Fragesatz handelt, der die Verwaltung aufgrund eines Versäumnisses vielleicht in Verlegenheit gebracht hat. Auch hier haben wir unsere vielgepriesene Wiedervorlagenliste mit einem kurzen Vermerk über eine Rückmeldung versehen, in der Regel ca. 3 Wochen nach dem man im Fall einer noch ausbleibenden Rückmeldung sich einmal über den Bearbeitungsstand der Antwort erkundigen sollte.

Besonders bei öffentlichkeitsträchtigen Umständen sind Anfragen auch eine passable Möglichkeit einer begleitenden Pressemitteilung, sofern die Substanz dafür gegeben ist. Der Selbstanspruch eines jeden Kommunalpolitikers sollte hierbei aber auch sein: „Keine Anfrage nur aus Gründen einer Pressemitteilung." Es darf nicht vergessen werden, dass gerade inflationär gestellte Anfragen zu wenig aussagekräftigen Themen nicht gerade die Beliebtheit eines Mandatsträgers innerhalb der Verwaltung steigern. Ein Wechsel der Perspektive ist hier hilfreich – würde ich die Beantwortung dieser Anfrage als logische Konsequenz aus dem bisherigen Vorgang werten oder kommt sie mir als Arbeitsbeschaffungsmaßnahme ohne inhaltlichen Zusammenhang vor? Die eigene Beantwortung dieser Frage entscheidet über die Entscheidung der Einreichung.

4.2   Anträge schreiben

Mit einem Antrag formuliert ein Mandatsträger seinen politischen Willen in eine konkrete Anweisung für die Verwaltung. Diese Handlungsabsicht bildet das Fundament des eigenen politischen Handelns und bestimmt die Außen-, aber auch Selbstwahrnehmung als Bestandteil der handelnden Kommunalvertretung. Da ein solcher Antrag jedoch auf dem Schriftwege erfolgen muss, bestehen auch bei der Ausformulierung und dem Weg bis zur Einreichung mehrere Umstände, die eine genauere Beachtung verdienen.

Überblick
- Anträge müssen einen spürbaren Mehrwert bieten! Ist dem nicht so, werden nur Ressourcen gebunden, die an anderer Stelle fehlen.
- Ein Antrag muss umsetzbar sein und im Verhältnis zur Leistungsfähigkeit der Kommune stehen
- Anträge sind keine Romane – eine knappe und präzise Formulierung ist der richtige Weg
- Der Satz „Wer soll was bis wann wie umgesetzt haben" ist das Grundgerüst eines gut formulierten Antrages.

Zuallererst ist mit dem, leider auch in Teilen der Kommunalpolitik, verbreiteten Vorurteil aufzuräumen, dass der Gradmesser des Erfolgs die schiere Anzahl der eingereichten Anträge ist. Dieses Phänomen ist leider in Wahljahren immer wieder zu beobachten und sorgt, abgesehen von einer ausgelasteten Kommunalverwaltung, für keinen spürbaren Vorteil. So sollte der grundsätzlich erste Gedanke sein, ob der Antrag auch eine zielführende Veränderung zum Inhalt hat, oder ob sich der (kommunale) Alltag auch ohne diesen Antrag unverändert fortschreiben lässt. Hierbei ist neben Ehrlichkeit zu sich selbst auch ein gewisses Maß an Selbstkritik notwendig, denn einen entbehrlichen Antrag zu stellen, nur um eine Pressemitteilung damit begründen zu können, kommt leider öfter vor, als man zunächst vermuten möge. Es ist nicht zu vergessen, dass mit jedem Antrag die knappen Zeit- und Personalressourcen der Kommunalverwaltung gebunden werden. Dies sind

Kapazitäten, die an anderer Stelle sicherlich besser aufgehoben wären. Die Beteiligung an Erklärungen, Resolutionen oder offenen Briefen oder auch bereits geplanter Handlungen der Verwaltung stehen hierbei auf der Liste der Negativbeispiele.

Ist diese selbstauferlegte Prüfhürde gemeistert, befindet man sich mit der Aufgabe konfrontiert, einen pragmatischen und von der Verwaltung auch realisierbaren Antrag zu formulieren. Hierbei sind vor allem zwei Punkte angesprochen – zum einen muss die Finanzierbarkeit gewährleistet sein und zum anderen müssen die personellen Kapazitäten in der jeweiligen Verwaltung ansatzweise in einem passenden Verhältnis stehen. Über die Möglichkeiten einer Finanzierung durch Förderungen wird dazu unter Nr. 4.4 noch genauer eingegangen. Grundsätzlich erachte ich das Zitat von Eleanor Roosevelt „Die Zukunft gehört denen, die an die Schönheit ihrer Träume glauben" als erstrebenswert, doch beim Abgleich eines ambitionierten Antrages mit der Leistungsfähigkeit der eigenen Kommune ist Nüchternheit angebracht.

Dies ist auch das Stichwort in der Formulierung. Eine lange Ausführung oder ein dramatischer Spannungsaufbau sind zwar in längeren Romanen passende Bestandteile, wären bei einem Antrag jedoch deplatziert. Sollte eine externe Person beim erstmaligen und unvorbereiteten Studium des einzureichenden Antrages Schwierigkeiten haben, den Regelungsgehalt wiederzugeben, muss der Antrag sicherlich noch einmal überarbeitet werden. Grundsätzlich ist das Gerüst eines gelungenen Antrages ein Satz mit 4 W-Fragen – „Wer soll was bis wann wie umgesetzt haben?". Haben diese Aspekte eine ausreichende Würdigung bei der Erstellung erfahren, so dürfte ein gut formulierter Antrag als Resultat vorliegen, welcher der eigenen politischen Willensbildung zuträglich ist und hoffentlich mit einer wohlmeinenden Mehrheit im Kommunalparlament honoriert wird.

4.3   Keine Ideen? Vergleichbare Projekte finden!

Der politische Wille zum Gestalten ist vorhanden und ein übergeordnetes, wenn auch noch unkonkretes Ziel ist im Blick – es fehlt jedoch am zentralen Baustein: der zündenden Idee für den richtigen Antrag. Dieser Antrag, der die Umsetzung beinhaltet und aus einer Vorstellung ein für die Kommune umsetzbares Vorhaben werden lässt. Doch fehlt dazu die konkrete Idee, ist es kein Rückschlag, denn das klassische Rad muss in keiner Kommune neu erfunden werden. Auch hier ist Kommunikation der Schlüssel und mit den Grundlagen der politischen Vernetzungsarbeit sollte es kein Hindernis darstellen, am Ende des Tages einen erfolgversprechenden Antrag auf den Weg bringen zu können.

Zunächst einmal ist ein Blick in das unmittelbare Umland der erste Schritt. Bestehen vielleicht ähnliche Projekte im benachbarten Landkreis? Eine Recherche in der Presselandschaft oder eine Suche in den jeweiligen Ratsinformationssystemen kann hierzu Aufschluss geben. Gerade über die Ratsinformationssysteme, die auf der Homepage jeder Kommune abrufbar sind, lassen sich über Schlagworte so schnell die bisherigen Bemühungen in der jeweiligen Kommune zu dem Themengebiet herausfinden. Eine direkte Übernahme der jeweiligen Anträge verbittet sich selbstverständlich, dennoch kann hier vielleicht der entscheidende Denkanstoß für einen eigenen Antrag schlummern.

Überblick
- Für Inspiration nach politischen Anträgen reicht ein Blick in die umliegenden Kommunen vielleicht schon aus
- Anfragen an andere Kommunen oder kommunale Spitzenverbände nach Best-Practice-Lösungen sind eine zielführende Maßnahme
- Die Suche nach Lösungen in die Öffentlichkeit tragen: Beteiligungsformate sind da ein Ansatz

Ist diese Recherche nicht ergiebig genug, besteht ebenfalls die Möglichkeit einer Direktanfrage an andere Kommunen. Mit einem kurzen Vorstellungstext und der Schilderung des Anliegens kann direkt nach dem bisherigen Projekt und vor allem nach den damit gemachten Erfahrungswerten gefragt werden. Gerade bei Spezialthemen wie dem Umgang mit einer problematischen Immobilie oder der Belebung der Innenstadt können so Impulse für die eigene Arbeit gefunden werden.

Daneben ist der persönliche Austausch auch nicht wegzudenken: Veranstaltungen wie beispielsweise die Städtetage der Länder, Fachmessen oder auch Empfänge von überkommunalen Organisationen und Verbänden geben kommunikationsfreudigen Politikern regelmäßig die Gelegenheit einer Vernetzung untereinander. Da oftmals solche Formate auch Diskussionsforen anbieten, können hier eigene Probleme mit der Perspektive eines gemeinsamen Austausches herangebracht werden. Auch ein regelmäßiges Studium von fachbezogenen Zeitschriften wie der „innovativen Verwaltung" oder dem „Behörden-Spiegel" sollte dazugehören. Hierbei lassen sich zum einen passende Veranstaltungen heraussuchen, zum anderen aber auch mit etwas Glück Fachartikel finden, die sich mit einem tages-aktuellen Problem des eigenen politischen Wirkens beschäftigen.

Sollte dies alles nicht zum Erfolg führen, so kann die Problemlösung auch bewusst in die Öffentlichkeit getragen werden. Mit der Formulierung der bestehenden Herausforderung und der Bitte an die Öffentlichkeit, Vorschläge zu unterbreiten, werden Bürgerbeteiligung und Lösungssuche miteinander kombiniert. Selbstverständlich sollte bei der Umsetzung einer besonders geeigneten Idee aus der Öffentlichkeit auch darauf geachtet werden, den Ideengeber ausreichend zu würdigen und nicht diesen Impuls als den eigenen zu verkaufen. Dieser verlockende Umstand könnte im Nachhinein mehr schaden als nutzen. Hat auch dieses Format nicht den gewünschten Erfolg eingebracht, so besteht immer noch die Möglichkeit einer Beauftragung eines Prüfauftrages. Kreative (Kommunal-)Politiker sollten zwar an dieser Stelle mit dem Selbstanspruch einer eigenen Lösungskompetenz sich am Markt beteiligen, aber bei fehlenden, passgenauen Ideen kann eine Problemlage auch umfassend definiert werden und in Form eines Prüf- und Erarbeitungsauftrages nach einem Lösungsansatz gestellt werden. Die Fachleute aus der jeweiligen Kommune haben auf Grundlage des hier eingeräumten Entscheidungsspielraums den Auftrag einer Erarbeitung eines Lösungsansatzes. Angemerkt sei hierbei jedoch, dass die anschließende Öffentlichkeitsarbeit nur etwas eingeschränkter auf den eigenen Verdienst abzielen kann.

4.4   Kein Geld? Fördermöglichkeiten finden!

Die besten Anträge kommen nicht zur Entfaltung, wenn es an dem zentralen Element jeder politischen Umsetzung fehlt: den finanziellen Mitteln. Ein ständiger Konflikt zwischen politischen Entscheidungsträgern und der Verwaltung, die mit der Umsetzung betraut werden, ist der Einklang zwischen Erwartungshaltung und realistischer Möglichkeit. Es steht somit jedem Antrag und der damit verbundenen Glaubwürdigkeit gut zu Gesicht, wenn ein gestellter Antrag mit einem konzeptionellen Finanzierungsvorschlag hinterlegt ist. Da die finanziellen Kapazitäten einer jeden Kommune endlich sind und gerade in der gegenwärtigen Zeit, vor dem Hintergrund der kommunalen Mehraufgaben, die Spielräume somit umso knapper sind, ist Kreativität gefragt. Einsparvorschläge, um den notwendigen finanziellen Raum für den eigenen Antrag zu schaffen, kann schnell in eine „Entweder-oder-Situation" münden, die in der Öffentlichkeit nicht immer gut zu kommunizieren ist. Ein passender Lösungsansatz ist die Heranziehung einer passenden Fördermöglichkeit.

Wenn es bereits Bestandteil des Antrages ist, für die Finanzierung einen entsprechenden Antrag an ein konkretes Förderprogramm zu stellen, ist nicht nur die Glaubwürdigkeit aufgrund der aufgezeigten Finanzierbarkeit, sondern auch eine zusätzliche, inhaltliche Begründung gegeben. Mit der Verknüpfung des Antrages mit einem entsprechenden Förderprogramm wird weiterführend dargelegt, dass diese Angelegenheit von einem Zuwendungsgeber als so wichtig klassifiziert wird, dass es ihm die Auslobung eines Förderprogrammes wert ist.

Überblick
- Die finanzielle Deckung durch ein Förderprogramm unterstreicht einen Antrag nachhaltig.
- Fördermittelmanagement ist ein weitläufiges Themengebiet, hier sind Fortbildungen jedoch gut investierte Zeit.
- Im Idealfall hat die Kommune ein zentrales Fördermittelmanagement – hier kann fachliche Hilfestellung geleistet werden.
- Die Möglichkeiten der verschiedenen Förderprogramme auf Landes-, Bundes-, EU-Ebene und der Stiftungen umfassen sehr viele Zwecke – eine umfassende Recherche ist hier lohnend.

Für einen einzelnen Mandatsträger, der vielleicht sogar noch erschwerend keine Vorkenntnisse im Zuwendungsrecht sammeln konnte, verhält sich die Fragestellung nach einer finanziellen Deckung durch ein Förderprogramm sehr herausfordernd. Sollte die Kommune ein zentrales Fördermittelmanagement unterhalten, so kann dort sicherlich eine gewisse Hilfestellung geleistet werden. Ist diese Organisationseinheit nicht vorhanden, so könnte dies vielleicht auch der Anlass für eine entsprechende Etablierung dieser zukunftsorientierten Einrichtung sein.[1]

Erschwerend kommt hinzu, dass es keine einheitlichen Anlaufstellen mit einem umfassenden Angebot der ausgelobten Förderprogramme gibt. Neben den Förderprogrammen der jeweiligen Bundesländer und auf Bundesebene, bestehen auf der Ebene der Europäischen Union auch viele Förderprogramme, bei denen eine Antragstellung möglich ist. So ist tatsächlich eine umfassende Internetrecherche unumgänglich. Mit der Förderdatenbank des Bundes oder den Suchmasken der

---

[1] Vgl. Alexander Mittag – „Zentrales Fördermittelmanagement in der Fläche etablieren" – erschienen in der Innovativen Verwaltung, 09/2019 – Seite 33 ff.

Förderbanken der jeweiligen Bundesländer gibt es jedoch ein paar gute Anlaufstellen.

Vor einer Aufnahme dieser Fördermöglichkeit in den eigenen Antrag sollte hierbei ein Kontakt zur zuwendungsgebenden Stelle aufgenommen werden, um die Möglichkeiten der Antragstellung und die Verfügbarkeit noch vorhandener Mittel auszuloten. Sollte das entsprechende Förderprogramm mit Antragsfristen verbunden sein, so wäre dies ebenfalls zu beachten.

Bei der Suche nach möglichen Zuwendungsgebern werden oftmals Stiftungen vergessen. Die Bundesrepublik hat eine sehr reichhaltige Stiftungslandschaft, die sich in einer gemeinnützigen Betätigung um die verschiedensten Zwecke bemüht und auch für Kommunen spannende Perspektiven aufzeigt. Gerade kleinere Fehlbeträge können so im Zusammenhang, oftmals erfrischend unbürokratisch, auf den Weg gebracht werden. Die Arbeitsweise unterscheidet sich in diesem Zusammenhang nicht sonderlich von der in der Kommunikation mit staatlichen Stellen. Eine vorherige Kontaktaufnahme, Darlegung des Vorhabens und eine gemeinsame Auslotung der Vorstellungen über eine gemeinsame Zusammenarbeit sollten vor einer erfolgreichen Antragstellung vorgeschaltet sein. Die richtigen Ansprechpartner sind über das Stiftungsverzeichnis der Bundesländer oder durch eine allgemeine Recherche über die in der Kommune ansässigen oder sich dort zuständig zeichnenden Stiftungen schnell gefunden. Wichtig ist vor einer Kontaktaufnahme der Abgleich zwischen dem eigenen Vorhaben und dem angegebenen Stiftungszweck und natürlich der Hinweis, dass man eine mögliche Antragstellung im Rahmen einer politischen Beschlussfassung im eigenen Rat noch vorgeschaltet hat.

Als eine besondere Herausforderung steht auch die bei Förderprogrammen verbundene Fragestellung der Eigenmittel, also der eigenen finanziellen oder personellen Beteiligung der Kommune an der Förderung im Raum. Selbst bei hohen Förderquoten kann ein von der Verwaltung nicht gewollter Antrag mit dem Hinweis auf fehlende finanzielle Kapazitäten und die damit nicht möglichen Eigenmittel negiert werden. Eine umfassende Argumentation über den kommunalen Handlungsdruck ist daher unerlässlich und als antragstellender Mandatsträger sollte man sich nicht der Illusion hingeben, dass Verweise auf Förderprogramme Selbstläufer sind.[2]

---

[2]Vgl. Mittag, Alexander – „Fördermittel ausschöpfen" – erschienen im Behörden-Spiegel September 2023, Seite 10.

4.5   Keine Mehrheiten? Verbündete für den Antrag finden!

Das Wichtigste bei einem Antrag ist nicht eine besonders elegante Formulierung im Text oder eine gelungene Pressemitteilung mit einem kommunalweiten, positiven Echo, sondern etwas ganz Substanzielles: eine Mehrheit in der entscheidenden Sitzung des Kommunalparlaments, welche darüber entscheidet, ob tatsächlich ein entsprechender Beschluss umgesetzt wird oder nur die Aussage bleibt „wir haben es versucht". Letztere dürfte zwar bei den Betroffenen oder der eigenen politischen Blase kurzzeitig Anerkennung gefunden haben, dieser Moment ist allerdings nicht von großer Dauer. So ist es bereits in der Phase der Antragsformulierung mindestens genauso wichtig, den Fahrplan für die Beschaffung einer auskömmlichen Mehrheit zu sorgen.

So unterschiedlich die Kommunen sind, so unterschiedlich sind auch die Ausgangssituationen. Handelt es sich um eine Fraktion mit einer stabilen Mehrheit oder eine etablierte Koalition, welche ihre Anträge ohne Mühen auf eine bequeme Mehrheit stützen kann, so sind die folgenden Zeilen zu vernachlässigen. Ist jedoch das Mehrheitsverhältnis im Rat variabel oder man agiert gar aus der Perspektive einer Oppositionspartei, verhält es sich hier anders.

Grundsätzlich eint alle Ratsparteien in einem Kommunalparlament eine Sache, denn sie möchten alle das Beste für ihre Kommune. Bei der Fragestellung des „Was" ist man sich somit einig – unterschiedliche Meinungen bestehen jedoch sicherlich spätestens beim „Wie". Umso wichtiger ist es somit, vor einer Antragstellung in das Gespräch zu kommen. Es ist immer wieder erstaunlich festzustellen, wie viele Ratsmitglieder bei der Ausgestaltung ihres Mandats lediglich auf Verwaltungsvorlagen warten und nicht mit eigenen Anträgen die eigene Arbeit voranbringen. So kann es im Rahmen einer Ansprache vor der tatsächlichen Antragstellung sein, dass die dem Antrag innewohnende Absicht auch bereits bei anderen Ratsmitgliedern oder Fraktionen besteht, die Muße, Kreativität oder Fachkenntnis für die korrekte Formulierung des Ratsantrages jedoch noch nicht im gewünschten Maße vorlag. So kann man im Idealfall und bei nicht völlig diametralen politischen Grundausrichtungen der jeweiligen Parteien eine Kooperation erörtern. Die Sorge, dass in einem solchen Moment der Antrag von einer Fraktion übernommen und im eigenen Namen gestellt wird, ist unbegründet. Sofern man selbst belegen kann, dass der Antragsvorentwurf von einem selbst stammt, sollten keine Sorgen vor einer vorschnellen Einreichung im jeweiligen Ratsinformationssystem bestehen. Es ist somit wichtig, den eigentlichen Antragsvorentwurf mit der Bitte, um Rückmeldung der anderen Partei per Mail zu übersenden und nicht nur darüber zu sprechen. So ist im Zweifel durch diese Mail belegbar, dass es bereits Abstimmungsgespräche dazu gab. Sollte die Begeisterung über diesen Antrag vorhanden sein und eine Unterstützung zugesagt werden, ist auch die Idee einer gemeinsamen Antragstellung möglich. Diese Variante gibt eine berechenbare Grundlage für eine Mehrheit aus, da keine Fraktion gegen seine eigenen Anträge stimmen würde. Dies steht wohltuend im Gegensatz zu mündlich gemachten Zusagen, die im Zweifel und kurz vor einer entscheidenden Abstimmung im Dunstkreis einer lückenhaften Erinnerungskultur schnell negiert werden können.

> „Wenn Du Frieden mit deinem Feind machen möchtest, musst Du mit dem Feind zusammenarbeiten. Dann wird er Dein Partner" – Nelson Mandela

Selbst wenn es eine nicht immer konfliktfreie Zusammenarbeit mit anderen Parteien gegeben hat. Über gemeinsame, erfolgreiche Anträge holt man sich auch für die Zukunft Partner an den Tisch und kann in der Öffentlichkeit ein Bild eines konstruktiven, kompromissfähigen Akteurs im jeweiligen Kommunalparlament pflegen. Dies wird sicherlich auch von den betroffenen Partnern gesehen. Denn nicht nur in der Erarbeitung eines politischen Antrages ist die Zusammenarbeit mit den betroffenen Partnern unerlässlich, sondern auch im Vorverfahren zur politischen Beschlussfassung. Je nachdem, wie emotional dieser Antrag ist, kann eine möglichst breite Etablierung in der öffentlichen Debatte vor der Beschlussfassung zielführend sein. Ein Antrag zur Verhinderung der Schließung eines Jugendtreffs oder eine bessere Entlohnung der Busfahrer definiert per Antrag den in der öffentlichen Debatte positiv besetzten Personenkreis. Mit diesen öffentlich akzeptierten Akteuren ist es somit möglich, Pressemitteilungen oder auch Redebeiträge in einer Sitzung zu platzieren, welche nicht direkt aus dem eigenen Umfeld stammen.

Denn sollte es nicht gelungen sein, eine Mehrheit im Vorfeld zusammenzusammeln, ist das letzte Mittel ganz einfach – die öffentliche Debatte. Vorausgesetzt, der Antrag ist positiv besetzt und keine unpopuläre Sparmaßnahme, ist es möglich, die Ablehnung so schwer wie möglich zu gestalten, wenn man das überwiegende Argument auf seiner Seite weiß. Dies kann über die öffentlich platzierten Betroffenen oder sogar eine Bürgerversammlung erfolgen.

4.6   Von der Pressearbeit: Printmedien und Pressemitteilungen

Vieles geschieht hinter den Türen der Rathäuser, ohne dass die Öffentlichkeit davon etwas mitbekommt. Damit dies bei den eigenen Anträgen nicht passiert, ist eine gute Pressearbeit unumgänglich. Vor allem regelmäßige Pressemitteilungen gehören noch heute zur Grundausstattung der Öffentlichkeitsarbeit, auch wenn kritische Stimmen die Reichweite der Printmedien zunehmend infrage stellen.

Ohne diese debattenwürdige Aussage weiter zu kommentieren, sind dennoch regelmäßige Pressemitteilungen über die eigene Arbeit der ständige Begleiter. Wichtig ist dabei, aus der Ich-Perspektive zu schreiben und einen Sachverhalt möglichst präzise zu beschreiben.

Überblick
- Möglichst positive Inhalte in den Pressemitteilungen – Meckern kommt immer schlechter in der Öffentlichkeit an.
- Ich-Perspektive verwenden und nicht von sich selbst in der dritten Person sprechen
- Einleitung – Problembeschreibung – Lösung dafür! An diesem dreigliedrigen Aufbau orientiert sich die knappe Pressemitteilung.
- Weniger ist manchmal mehr, nicht zu viele Mitteilungen versenden. Dafür welche, die ein inhaltlich starkes Thema haben.

Grundsätzlich sollte der kurze Einleitungssatz von einer Problembeschreibung gefolgt sein, die als Missstand erachtet wird und die es zu beheben gilt. Alternativ kann es auch die Beschreibung einer brachliegenden Chance sein. Wichtig ist hierbei, dass ein erkennbarer Handlungsbedarf deutlich wird. Darauf aufbauend wird zum Abschluss die Lösung durch den eigenen Antrag vorgestellt, mit der dann auch die Mitteilung seinen Abschluss findet. Von der Unsitte, Pressemitteilungen zur Kommentierung fremder Anträge zu schreiben, sollte man aufgrund der damit einsetzenden Inflation an Mitteilungen Abstand nehmen.

4.7   Von der Pressearbeit: Soziale Medien

Die Öffentlichkeitsarbeit ist in der heutigen Zeit schwerpunktmäßig in den sozialen Medien anzusiedeln. Informationspolitik, aber auch die öffentlichen Debatten finden mehrheitlich hier statt und es ist sogar festzustellen, dass die Lokalpresse aus den Kommentarspalten der gängigen Plattformen ein öffentliches Meinungsbild einsammelt.

Auf keinen Fall sollte der Fehler gemacht werden und sich auf die ursprünglichen Formate von Pressemitteilungen und Homepages zu verlassen. Herangehens- und Verfahrensweisen zur Präsentation in den sozialen Medien würden tatsächlich den Rahmen dieser Ausführungen sprengen können, daher sei hierbei nur auf die grundlegenden Ausführungen eingegangen.

Überblick
- Politische Öffentlichkeitsarbeit findet in den sozialen Medien statt
- Nicht verwechseln mit Pressemitteilungen – ein guter Auftritt in den gängigen Plattformen ist mit viel Arbeit und Hintergrundwissen verbunden
- Klare Zuständigkeiten und Pläne gewährleisten regelmäßiges Posten
- Posting ist keine Einbahnstraße – es muss mit dem Publikum interagiert werden.

Es bedarf daher klarer Zuständigkeiten in der Fraktion oder eines festgelegten Plans für die Aktivitäten in den sozialen Medien. Unregelmäßige Gruppenfotos oder das Reposten von Beiträgen der Landespartei oder den lokalen Nachrichten bieten keinen Mehrwert und werden sicherlich nicht den gewünschten Effekt bringen, den man sich erhofft. Vielmehr sollte man eine Mischung aus einem Blick hinter die Kulissen, Informationen über Vorhaben des politischen Handelns und erklärenden Formaten über tagesaktuelle Themen beinhalten.

4.8   Fortbildungen – welche passen?

Lebenslanges Lernen – der für jede Branche anwendbare Grundsatz – hat selbstverständlich auch in der Kommunalpolitik seine Berechtigung. Mit einem substanziellen Fahrplan für regelmäßige Schulungen sieht sich der geneigte Kommunalpolitiker, aber auch seine gesamte Fraktion den großen und kleinen Herausforderungen des allgemeinen Dienstgeschäfts bestmöglich gewappnet.

Damit man sich hierbei nicht in der Tiefe des Raumes verliert, denn das Angebot ist umfassend, müssen eigene Schwerpunkte gesetzt werden. Als Ergebnis einer kritischen Selbstanalyse dürften die eigenen „offenen Flanken" ohnehin bekannt sein. Dabei sind die zu suchenden Fortbildungen nach persönlichen und fachlichen Möglichkeiten zu unterscheiden. Umgang mit Lampenfieber, freies Reden oder auch Hinweise zum Verfassen von Pressemitteilungen oder Grußworten sind unverzichtbar für einen langfristigen Erfolg im (kommunal-)politischen Bereich und sollten regelmäßig absolviert werden. Selbst nach einem gewissen Maß an Erfahrung kann man im Bereich der Rhetorik oder im Umgang mit Lampenfieber immer wieder etwas lernen, denn auch nach zehn Jahren in der Kommunalpolitik gehört etwas Aufregung vor einer wichtigen Rede einfach dazu.

Fachliche Fortbildungen sollten in diesem Zusammenhang für das eigene Portfolio einen unmittelbaren Bezug auf die eigenen Schwerpunkte haben. Wenn beispielsweise die Schulpolitik das persönliche Steckenpferd ist, so ist es naheliegend, sich eben jene Fortbildungsangebote herauszusuchen. Wichtig ist, wie an anderer Stelle ausgeführt, ein Verständnis für die Abläufe und Verfahrensweisen der eigenen Kommunalverwaltung zu entwickeln. Sofern man diese Kenntnisse nicht durch seinen eigenen beruflichen Werdegang bereits verinnerlicht hat, bieten sich hier entsprechende Schulungen an, um ein gegenseitiges Verständnis herauszuarbeiten. Wie ebenfalls unter Nr. 4.4 erwähnt, ist der Bereich des Fördermittelmanagements von erheblicher Wichtigkeit – auch hier sollten Fortbildungsangebote nicht unbeachtet gelassen werden.

Dabei stellt sich die Frage nach den richtigen Anlaufstellen, da das gesamte Angebot an Fortbildungen vom Umfang, aber auch von den Gebühren als reichhaltig bezeichnet werden kann. Ist man im Rahmen seiner Mandatsausübung Mitglied einer Partei, so gilt hierbei der erste Blick der parteinahen Stiftung, welche selbst, oder über einen dazugehörigen Bildungsträger ein ständiges, auf politische Akteure zugeschnittenes Programm anbietet. Hier sind ebenfalls die Gebühren in den meisten Fällen überschaubar und stellen somit ein solides Fundament. Ebenfalls finden sich bei den kommunalen Spitzenverbänden auf Bundes- oder Landesebene Hinweise auf verbundene Bildungsträger, welche einen regelmäßigen Blick lohnen. Von privatwirtschaftlichen Anbietern habe ich von meiner Erfahrung her wenig Angebote wahrgenommen, da die Teilnahmegebühren oftmals im Verhältnis höher lagen und der kommunale Bezug nicht in dem Umfang ausgeprägt war, wie man ihn bei den vorgenannten Anbietern finden konnte. Besonders bei möglichen Fortbildungen zur Persönlichkeitsentwicklung seien noch die lokalen Volkshochschulen ans Herz gelegt, im Bereich Rhetorik oder mentale Resilienz ist dort immer wieder ein entsprechendes Angebot aufgeführt. Gerade letztgenanntes Themengebiet darf nicht unterschätzt werden, ist der Umgang mit Stress und Druck eine der Schlüsseleigenschaften zur Verstetigung des eigenen Erfolgs.

Wichtig zu erwähnen ist, dass auch Anbieter von Fortbildungen ein ständig wechselndes Programm haben, welches stets neue Möglichkeiten bietet. Ist erst einmal ein kleiner Kreis von Anbietern für die eigene Person identifiziert, so bietet sich auch hier eine kurze Wiedervorlagenliste an. Am besten im Ein- oder Zwei-Monatsrhythmus angelegt, lassen sich so die angebotenen Fortbildungen nach den eigenen Bedürfnissen überprüfen. Gerade da immer mehr solche Veranstaltungen online angeboten werden, ist so der Aktionsradius auch für Termine im bundesweiten Kontext möglich.

Fortbildungen sind jedoch nicht nur etwas für die eigene Weiterentwicklung. Als Vorsitzender stellt sich die Frage, inwiefern sich die gesamte Fraktion durch Fortbildungen schulen lassen kann. Bezugnehmend auf die vorgenannten Anlaufstellen ist es ebenfalls eine praktische Idee, Fraktionsschulungen durchzuführen. Im Austausch mit Referenten lassen sich so individuelle Termine einer Schulungsveranstaltung für die gesamte Fraktion vereinbaren. Wichtig ist hierbei die Auswahl der Themen. Vor allem Fachthemen, die praktische Inhalte für sämtliche Teilnehmer zum Ziel haben, sind hier angebracht. Haushaltsrecht, das Verfassen von Anträgen oder Hinweise zum freien Reden wären hierbei Themen, die ein fraktionsweites Interesse finden dürften. Fortbildungen, die mit beispielsweise Schul- oder Ordnungspolitik Schwerpunktthemen zum Inhalt haben, eignen sich in diesem Zusammenhang eher für Einzelanmeldungen.

Wie die Arbeit erfolgreich bleibt

5.1   Zusammenarbeit mit der Verwaltung

Politik und Verwaltung bilden eine Einheit, deren Zusammenspiel den Erfolg des öffentlichen Lebens einer Kommune beeinflusst. Wie erfolgreich dieses politisch-administrative Konglomerat ist, hängt von mehreren Faktoren ab, zu dessen Gelingen auch man selbst als kommunaler Mandatsträger viel beitragen kann. Misstrauen oder Pattsituationen gegenseitiger Blockade können hierbei viel Schaden in der öffentlichen Wahrnehmung und letztendlich im Vertrauen in demokratische Entscheidungsstrukturen nach sich ziehen. Hierbei darf nicht vergessen werden, dass gerade die Kommunen für die Bevölkerung der staatliche Hauptkontaktpunkt sind. Die oftmals gefühlt ferne Landeshauptstadt oder das noch fernere Berlin bilden dabei nicht die erste Anlaufstelle. Darin liegen auch die Wichtigkeit und Verantwortung im Gelingen dieser guten Zusammenarbeit: Das Vertrauen in die Funktionsfähigkeit der eigenen Kommune wird mit dem Vertrauen in den gesamten Staat und unserem demokratischen Wertesystem verbunden. Wie kann man jedoch selbst als Ratsmitglied zu diesem Zusammenwirken beitragen? Wie vermeidet man den schnell formulierten Graben zwischen „der Politik" und „der Verwaltung" zu „unserer Kommune"?

Wie bereits in einem kooperativen Fachartikel aus politisch-administrativer Perspektive definiert,[1] ist ein gutes Miteinander auf das Fundament eines gemeinsamen Leitbildes zu stellen. Dies gibt eine Definition über das Selbstverständnis, die Ziele und vor allem die Form der Umsetzung wieder. Die kann allerdings nicht ein einzelner Mandatsträger initiieren. Diese Form der Kooperationsleitlinie sollte

---

[1] Vgl. Pundt/Mittag – „Freundliches Desinteresse? Was ein gutes Miteinander von Politik und Verwaltung ausmacht" in der Innovativen Verwaltung, 12/2024 – Seite 26 ff.

A. Mittag, *Vom Ratsneuling zum Fraktionsvorsitzenden*, essentials, https://doi.org/10.1007/978-3-658-50972-9_5

hierbei als Impuls vom Hauptverwaltungsbeamten stammen. Ist diese Initiative in der Kommune nicht gegeben, kann sie allerdings auch von einem Mandatsträger oder sogar einer Fraktion beantragt werden. Sind in einem solchen Leitbild die Vorstellungen und Ideen aus Politik und Verwaltung gleichermaßen eingeflossen, ist der erste Schritt einer gemeinsamen Vorstellung von der Frage „Wo wollen wir hin?" gemacht.

Überblick
- Ein gemeinsames Leitbild fungiert als Fundament einer gemeinsamen Zusammenarbeit
- Vertrauen wächst am besten durch gute Zusammenarbeit – offene Kommunikation und das Ansprechen der eigenen Erwartungen
- Anträge im Zweifel vorab kommunizieren. Hierdurch vermeidet man Verständnisfehler durch echte Einbeziehung.
- Austausch muss gepflegt werden – Gesprächsrunden in nichtöffentlichen Fraktionssitzungen mit Vertretern der Verwaltung geben die Möglichkeit für ein offenes Wort.

Dieses Fundament darf dann allerdings, damit der Vorwurf der Schaffung eines Papiertigers erst gar nicht im Raum steht, nur der Anfang sein.

Fortgeschritten wird dies durch eine offene Kommunikationskultur. Hierbei ist es besonders wichtig, dass in Gesprächen die eigene Sicht auf den Sachverhalt erläutert wird. Man darf dabei nicht vergessen, dass viele Verwaltungsmitarbeiter nie ein politisches Mandat bekleidet haben. Die Perspektive auf die politischen Dimensionen einer Angelegenheit hat vielleicht nicht jede Person. Als Mandatsträger muss beachtet werden, dass die Vorberatungen, die Bürgergespräche und der angestaute Frust der Anwohner aufgrund einer längeren Untätigkeit nicht unbedingt allen in der Form bekannt sind, die erstmalig mit der Bearbeitung der Antragsunterlagen mit dem Sachverhalt in Kontakt kommen. Ich selbst war immer wieder erstaunt, wenn ich auch erfahreneren Verwaltungsmitarbeitern erläutert habe, warum die eine oder andere Angelegenheit eine politisch heikle Angelegenheit ist und deswegen eine emotionale Debatte in der kommenden Sitzung zu erwarten sei. Dabei ist es ein Vorteil in der Zusammenarbeit mit der Verwaltung, wenn man als Ratsvertreter seine Außenwirkung in der Bevölkerung betont. Gerade da viele Bürgeranfragen zuerst an Ratsvertreter als an Sachbearbeiter in der Verwaltung gerichtet werden, können sie dort gegebenenfalls schon beantwortet werden. Ich habe beispielsweise immer betont, dass ich als Ratsmitglied viele Bürgeranfragen „nebenbei" beantworte, welche ansonsten auf den Tischen der Verwaltungsmitarbeiter landen würden. Dieser Umstand ist besonders wichtig, da sonst gerne die Tätigkeit von Ratsmitgliedern als Mehraufwand betrachtet wird und dieser Umstand dem Vorurteil etwas entgegenwirkt.

Doch auch bei der Erarbeitung von Anträgen gibt es viel zu beachten. Die gute Absicht einer gemeinsamen Zusammenarbeit sollte sich auch dort widerspiegeln. Als Mandatsträger kann man hierbei mit gutem Beispiel vorangehen und bei zu stellenden Anträgen im Vorfeld mit der Verwaltung sprechen. Da die Verwaltung diese Anträge mit einer Stellungnahme und später vielleicht mit einer Umsetzung bearbeiten muss, ist das Interesse an einem möglichst konstruktiven Antrag sehr hoch. So hat es nicht nur den Vorteil, dass die eigenen Anträge auf Umsetzbarkeit vorab geprüft werden, sondern man baut auch ein Vertrauensverhältnis zur Verwaltung auf und steigert seine eigene Reputation als Realist, der nicht mit unausgegorenen Anträgen überrascht.

Schlussendlich sind in öffentlichen Debatten mit Publikum auch immer wieder die Eigendarstellung oder die der Fraktion im Vordergrund. Ebenso ist aufgrund der vielen Wortbeiträge nicht immer Platz für inhaltliche Tiefe in dem gewünschten Rahmen. Als eine sehr praktikable Idee hat sich die regelmäßige Einladung von verschiedenen Abteilungsleitern von Bereichen der Verwaltung in eine jeweilige Fraktionssitzung herausgestellt. Zum einen kann hier frei über anstehende Projekte gesprochen werden und zum anderen ist dort Raum für Rückfragen, ohne Rücksicht auf das eigene Erscheinungsbild in der Öffentlichkeit. Wenn beispielsweise ein Ratsmitglied mit einer politischen Initiative etwas über das Ziel hinausgeschossen ist, so kann in einer solchen Gesprächsrunde auch ein Perspektivwechsel ohne unmittelbaren Gesichtsverlust aufgrund eines unerwarteten Kenntnisgewinns vonstattengehen.

5.2   Lokale Akteure/Bezugspersonen finden und Multiplikatoren schaffen

Politik lebt von Kommunikation und vor allem vom Blick über den eigenen Tellerrand. Beides ist wichtig, um einen langfristigen Erfolg in der Mandatsausübung zu verzeichnen und die Anträge zu stellen, die die richtigen Missstände beheben, die notwendigen Weichen stellen und die Chancen ergreifen, welche sich der Kommune gerade bieten. Da ein Blick in die Glaskugel leider jedem Kommunalpolitiker verwehrt bleibt, müssen die Informationen woanders herstammen. Denn daher rührt die Herausforderung für einen richtigen, guten Antrag: Er ist in die Zukunft gerichtet und speist sich aus den Informationen, welche im Austausch mit den Betroffenen stammen.

Wie bei allen Projekten steht und fällt dieser Austausch mit der Auswahl der richtigen Leute. Ist die politische Karriere bis zu diesem Zeitpunkt bereits vorangeschritten, so hat sich sicherlich bereits ein gewisses Netzwerk an Personen herauskristallisiert, welches im Wahlkampf oder in der Zusammenarbeit der Gremien mit einem im Kontakt stand. Hierbei ist es wichtig, einen regelmäßigen Austausch aufrechtzuerhalten – man spricht von einem Kommunikationskanal. Als große Hilfe erschien es mir, eine Übersicht sämtlicher Themenfelder niederzuschreiben, die mir im Rahmen meiner Mandatsausübung begegnen können. Von Sport über Umwelt bis hin zu den einzelnen Rettungsorganisationen. Hierzu wurde dann ein jeweiliger Ansprechpartner genannt, mit dem man bisher in Kontakt stand. Automatisch haben sich so die Lücken aufgetan, wo noch kein Ansprechpartner vermerkt war. Gerade bei den Vereinen konnte man so den Handlungsbedarf lokalisieren.

> **Überblick**
> - Ein umfassendes Netzwerk ist unerlässlich bei der politischen Arbeit
> - Für Vereine und Verbände ist ein fester Ansprechpartner wichtig
> - Diese Ansprechpartner liefern die Informationen für die richtigen Anträge
> - Kontakte müssen durch ständigen Austausch gepflegt werden – nicht nur zu Wahlkampfzeiten

Zwar ist es personell und zeitlich kaum möglich, jeden Verein und jeden Verband in der eigenen Kommune dort mit aufzunehmen, dennoch sollte sich der Fokus auf die größten Organisationen beziehen. Über die bereits bestehenden

Unterlagen, welche im Rahmen der Vorbereitung angelegt wurden, bestehen ausreichend Kenntnisse. Sobald sich somit die Aufregung des Wahlkampfes gelegt und das Tagesgeschäft wieder das Ruder übernommen hat, ist es nun am (langfristig erfolgreichen) Mandatsträger, die jeweiligen Vereine und Verbände anzusprechen und nach einem Austausch zu suchen. Im Gespräch soll zunächst ein gegenseitiges Verständnis entwickelt werden – losgelöst vom Aktionismus des Wahlkampfs. Ziel ist es, gemeinsam herauszufinden, welche Erwartungen und aktuellen Bedürfnisse die Bürgerinnen und Bürger an die Kommunalpolitik haben. Dies können lang aufgeschobene Sanierungen oder einfach die Möglichkeit sein, bei Rückfragen einen Ansprechpartner im Rathaus zu haben.

Dieser aufgebaute Kontakt, der mindestens alle paar Monate durch eine bloße Rückfrage gepflegt wird, ob es etwas Neues oder Wissenswertes gibt, stellt nun einen zielführenden Kommunikationskanal direkt an der Basis dar. Auf diesem Fundament lässt sich die kommende (Zusammen-)Arbeit gestalten. Ein gewachsenes Vertrauensverhältnis vorausgesetzt, können somit auch selbst erarbeitete Anträge von solchen Ansprechpartnern vorab auf ihren korrekten Regelungsgehalt überprüft werden. Im Idealfall erhält man sogar einen Hinweis für einen solchen Antrag aus den Reihen dieser lokalen Akteure, die nach einer längeren, vertrauensvollen Arbeit der eigenen Reputation und Wahlwerbung nicht abträglich sein dürfen.

5.3 Vernetzungsmöglichkeiten und interkommunale Kooperationen initiieren

Zwar ist die örtliche Zuständigkeit auf die eigene Kommune bezogen, für einen langfristigen Erfolg sollte man jedoch auch regelmäßig einen Blick über den „eigenen Tellerrand" wagen. Der Grundsatz, dass nirgendwo das Rad neu erfunden werden muss, bewahrheitet sich auch gerade in der Kommunalpolitik aufs Neue. Wie bereits unter Abschn. 4.3 ausgeführt, sind Vergleichsideen für das eigene Portfolio an Anträgen eine praktikable Ergänzung und zeigen durch vorangegangene Erfahrungswerte wertvolle Erkenntnisse und die Vermeidung von vielleicht teuren Fehlern auf.

Somit ist es wichtig, sich auch ein Netzwerk jenseits der eigenen Kommune aufzubauen und dafür zu sorgen, dass man im regelmäßigen Austausch bleibt. Ist man Mitglied einer flächenmäßig verbreiteten Partei, so findet man in benachbarten Fraktionen automatisch Partner, welche zu tagesaktuellen Themen angesprochen werden können. Auch persönliche Bekannte oder Personen aus Parteien mit einem ähnlichen Spektrum können hier mit einbezogen werden. Als eine besonders interessante Form der interkommunalen Kooperation ist die Initiierung gemeinsamer Anträge, die gleichzeitig in den jeweiligen Kommunen gestellt werden. Wenn ein gleichlautender Antrag in beiden Kommunalparlamenten parallel eingereicht wird, ist dies immer ein starkes Signal einer bereits vorhandenen Abstimmung und sollte einer möglichen Gegenrede eine denkbar ungünstige Ausgangssituation verschaffen. Gerade Themen wie Klimaschutz oder öffentlicher Personennahverkehr bieten sich hierbei an. Dass Pressetermine zu solchen Themen von beiden Fraktionen, vielleicht gerade an der Ortsgrenze, einen besonders öffentlichkeitswirksamen Eindruck machen, versteht sich an dieser Stelle von selbst.

Überblick
- Der sprichwörtliche Blick über den Tellerrand hinaus ist enorm wichtig.
- Fraktionen der gleichen Partei in anderen Kommunen können auch für gemeinsame Anträge begeistert werden, die in den jeweiligen Parlamenten gestellt werden.
- Überkommunale Vernetzungsveranstaltungen eröffnen neue Perspektiven.
- Die ständige Beschäftigung mit den „eigenen" Herausforderungen kann ermüden, der Vergleich mit anderen Kommunen stellt viele Sachverhalte wieder in Relation.

Doch auch weiter weg sollte der eigene Handlungsradius gelten, wenn beispielsweise kommunale Spitzenverbände, Parteien oder Bundesländer zu Vernetzungsveranstaltungen einladen. Beispielhaft seien hier die regelmäßigen Hauptversammlungen der Städtetage der Bundesländer genannt. Bei diesen Veranstaltungsformaten besteht die hervorragende Möglichkeit eines Austauschs unter Einbeziehung neuer Perspektiven. Gerade regelmäßige Veranstaltungen sollten im Kalender vermerkt werden, um sie im Folgejahr nicht zu verpassen. Auch Stiftungen, die einen kommunalpolitischen Bezug haben, sind in diesem Zusammenhang einen Blick wert – bieten doch gerade bundesweite Stiftungen auch regelmäßig Jahreshauptversammlungen oder anderweitige öffentliche Tagungen an.

Eine oft unterschätzte, aber wichtige Erkenntnis, die ich aus regelmäßigen Gesprächen über die Grenzen meiner eigenen Stadt hinaus gewonnen habe, ist: Die Rahmenbedingungen unterscheiden sich andernorts nicht sonderlich. Gerade wenn man durch einen ambitionierten Terminplan mehrere Wochen viele Termine in der eigenen Stadt hatte und die Debattenthemen strittig waren, hatte ich oft den Eindruck, dass nur in der eigenen Stadt es so herausfordernd sei. Ein Austausch mit der Schilderung von weitaus dramatischeren Anekdoten erdet jedoch schnell die eigene Perspektive und zeigt, dass es woanders grundsätzlich auch nicht harmonischer oder friedlicher ist. Dies habe ich immer als sehr wertvolle Erkenntnis mitgenommen.

5.4   Was einen Fraktionsvorsitz ausmacht

Der Vorsitz einer Fraktion ist noch einmal mit anderen Herausforderungen als die bisherige Ratsarbeit verbunden. War man als Ratsherr mit der individuellen Ausgestaltung eines Mandats ausgelastet, so hat man nun eine Verantwortung für das politische Tagesgeschäft im Kommunalparlament einer ganzen Partei. Dies schließt besonders Verhandlungen mit anderen Parteien, Öffentlichkeitsarbeit und die Definition der strategischen Leitlinien mit ein. Ich selbst war nach vier Jahren Ratstätigkeit stellvertretender Fraktionsvorsitzender, ehe ich durch den überraschenden Rücktritt der vorherigen Amtsinhaberin in dieses Amt gerutscht bin. Dies war eine gewaltige Umstellung, wobei mir besonders im Vergleich zu vorher der Zuwachs an öffentlicher Beobachtung nachhaltig im Gedächtnis geblieben ist.

Vielmehr trat mit diesem Zuwachs an Verantwortung in der Ausgestaltung meines kommunalen Engagements jetzt auch die moderierende Rolle. Neben der Leitung der wöchentlichen Fraktionssitzung war es nun als besonders erwähnenswerte Veränderung die Abstimmung mit anderen Vorsitzenden über die Koordinierung der politischen Anträge. Gerade in Parlamenten ohne Koalitionsvertrag und mit wechselnden politischen Mehrheiten ist es unumgänglich für das eigene Wirken, sich miteinander abzustimmen und dabei auch Kompromisse einzugehen. Diese Fähigkeit wird ganz besonders geschult und ich war anfangs verwundert, wie oft tatsächlich über das Gelingen einer politischen Beschlussfassung das Ausmaß an kommunikativer Vorbereitung entscheidend war.

Sollten Sie selbst einmal in die Rolle dieser verantwortungsvollen Aufgabe gelangen, so möchte ich Ihnen ganz besonders die Perspektive der internen Harmonie ans Herz legen. Unterschätzen Sie nie, wie wichtig ein gutes Klima innerhalb der Fraktion ist. Gemeinsame Unternehmungen, aber auch besonders ein wertschätzendes Kommunikationsverhältnis innerhalb der Gruppe sind entscheidend für den Erfolg. Ich selbst habe am Anfang sehr viel Zeit dafür verwendet, mit einzelnen Mitgliedern aus der Fraktion ins Gespräch zu kommen, um deren Erwartungen an ein gemeinsames Miteinander am besten nachvollziehen zu können. Konflikte innerhalb der Fraktion kosten unglaublich viel Kraft, welche dann an anderer Stelle bitter fehlt. Denn eine Sache darf man nicht vergessen: Wir tun dies alles in unserer Freizeit!

Fazit

6

In der Gesamtbetrachtung wird deutlich, dass die Inhalte, die es zu diesem weitläufigen Thema gibt, für viele weitere Werke Material liefern würde. So unterschiedlich die Kommunen in unserer Bundesrepublik sind, so verschieden gestalten sich hierbei auch die individuellen Herausforderungen, aus denen sich der kommunalpolitische Alltag speist. Mit entsprechenden Vorbereitungen ausgestattet und einer gehörigen Portion Enthusiasmus ist es somit schier unmöglich, nicht auch eigene Fehler zu machen und daraus zu lernen.

Dies ist auch richtig so und gehört zum Werdegang eines jeden Kommunalpolitikers. Wichtig ist dabei, keine Scheu davor zu haben und sich immer wieder zu vergegenwärtigen, dass trotz einer gestotterten Rede, einer verlorenen Abstimmung, eines unvorteilhaften Fotos in der Lokalpresse oder einer missglückten Wahl zu einem erwünschten Posten die Sonne am nächsten Tag wieder aufgehen wird.

Dennoch lässt sich mit guter Planung, einem positiven Mindset und der richtigen Herangehensweise die Anzahl solcher Situationen reduzieren. Hierzu sollten die vorangegangenen Ausführungen einen Beitrag leisten. Ich selbst war beim Verfassen dieser Zeilen regelmäßig überrascht, welch scheinbar simple Hinweise, wie beispielsweise das Anlegen einer gut gepflegten Adress-Datenbank, für den Alltag spürbare Verbesserungen brachten. Umso mehr wurde mir dies deutlich, da ich am Anfang solche Hinweise nicht in meinem kommunalen Alltag beherzigt hatte und meine anfängliche Arbeit eher weniger von einer konzeptionellen Herangehensweise geprägt war. Vor dem Hintergrund, dass ich die ersten beiden Jahre im Stadtrat, nicht zuletzt aufgrund meiner deutlichen Abweichung nach unten in Bezug auf das Durchschnittsalter in der Fraktion, weitgehend passiv verbracht habe, fiel dies jedoch nicht sonderlich auf.

A. Mittag, *Vom Ratsneuling zum Fraktionsvorsitzenden*, essentials, https://doi.org/10.1007/978-3-658-50972-9_6

Darin liegt meiner Ansicht nach jedoch auch eine der Hauptherausforderungen zum Thema der Nachwuchsgewinnung für die Bekleidung kommunaler Mandate in der Freizeit: die ungelöste Fragestellung der Nachwuchssicherung. Ich selbst bin nach einer fast zehnjährigen Tätigkeit in unserem Stadtrat, der immerhin über vierzig Mitglieder hat, immer noch eines der jüngsten Mitglieder (geblieben). Ebenso sehe ich in meinem Freundes- und Bekanntenkreis zwar ein gewisses Grundinteresse an politischen Entwicklungen in unserer Heimatstadt, jedoch ist die Interessenlage, sich in diesem Themenfeld zu engagieren, sehr zurückhaltend ausgeprägt.

Grund zum Optimismus, eine der wichtigsten Schlüsselfähigkeiten in der Politik, ist die Entwicklung der letzten Jahre, in denen ich mehr jüngere Menschen im politischen Geschehen erleben durfte. Dies unterscheidet sich sehr von der Situation in den Jahren vor der Corona-Zeit – zumindest in meiner Wahrnehmung in meiner Kommune.

Hierbei stellt sich die Frage nach der zukünftigen Entwicklung. Ich selbst vermute, dass die „klassische Ochsentour" durch die Parteiorgane, verbunden mit stundenlangen Sitzungen und ewigen Debatten in der schnelllebigen, digitalen Welt mehr als antiquiert ist. Wenn der nächste Impuls nur einen Wisch entfernt ist, kann eine halbstündige Debatte über die korrekte Reihenfolge der heute zu beratenden Tagesordnung wie ein Gruß aus einer anderen Welt sein. Ich glaube, dass sich die Beteiligung in Zukunft stärker in Richtung projektbasierter Formate entwickeln wird – weg von der klassischen Mitgliedschaft.

Letztendlich liegt es an uns selbst, wie wir den demokratischen Diskurs der eigenen Kommune gestalten wollen. Ich hoffe sehr, dass Sie diese Prozesse aktiv und substanziell mitgestalten und damit einen wertvollen Beitrag zu einem guten Miteinander in unserer Gesellschaft leisten möchten. Frei nach dem Motto „Meckern kann jeder – auf das Gestalten kommt es an!"

Was Sie aus diesem *essential* mitnehmen können

- Wie sich gerade der Einstieg in die Kommunalpolitik gestalten kann und welche besonderen Herausforderungen es hierbei gibt
- Erprobte Herangehensweisen für das Alltagsgeschäft
- Einen Perspektivgewinn aus dem gegenseitigen Bild und Verständnis zwischen Politik und Verwaltung
- Die Möglichkeit eines Einblicks als Externer in den politisch-administrativen Gesamtkomplex

A. Mittag, *Vom Ratsneuling zum Fraktionsvorsitzenden*, essentials, https://doi.org/10.1007/978-3-658-50972-9

43

Literatur

„Fördermittel ausschöpfen" (Verfasser Alexander Mittag) – erschienen im „Behörden-Spiegel" im September 2023 – Seite 10

„Zentrales Fördermittelmanagement in der Fläche etablieren" (Verfasser Alexander Mittag) – erschienen in der Innovativen Verwaltung, 09/2019 – Seite 33 – 35

„Freundliches Desinteresse? Was ein gutes Miteinander von Politik und Verwaltung ausmacht" (Verfasser Dr. Christian Pundt und Alexander Mittag) – erschienen in der Innovativen Verwaltung, 12/2024 – Seite 26 – 28

Weiterhin möchte ich empfehlen

Baumann, Mechthild – Fördermittel akquirieren (Stuttgart 2016) ISBN 978-3-7910-3597-0

Pyczak, Thomas – Tell Me – Wie sie mit Storytelling überzeugen – 4. Auflage (Bonn 2023) – ISBN978-3-8362-9154-5

Sinek, Simon – Frag immer erst: Warum – 10. Auflage (München 2022) ISBN 978-3-86881-538-2

MIX
Papier aus verantwortungsvollen Quellen
Paper from responsible sources
FSC® C105338
FSC
www.fsc.org

If you have any concerns about our products,
you can contact us on
ProductSafety@springernature.com

In case Publisher is established outside the EU,
the EU authorized representative is:
Springer Nature Customer Service Center GmbH
Europaplatz 3, 69115 Heidelberg, Germany

Printed by Libri Plureos GmbH
in Hamburg, Germany